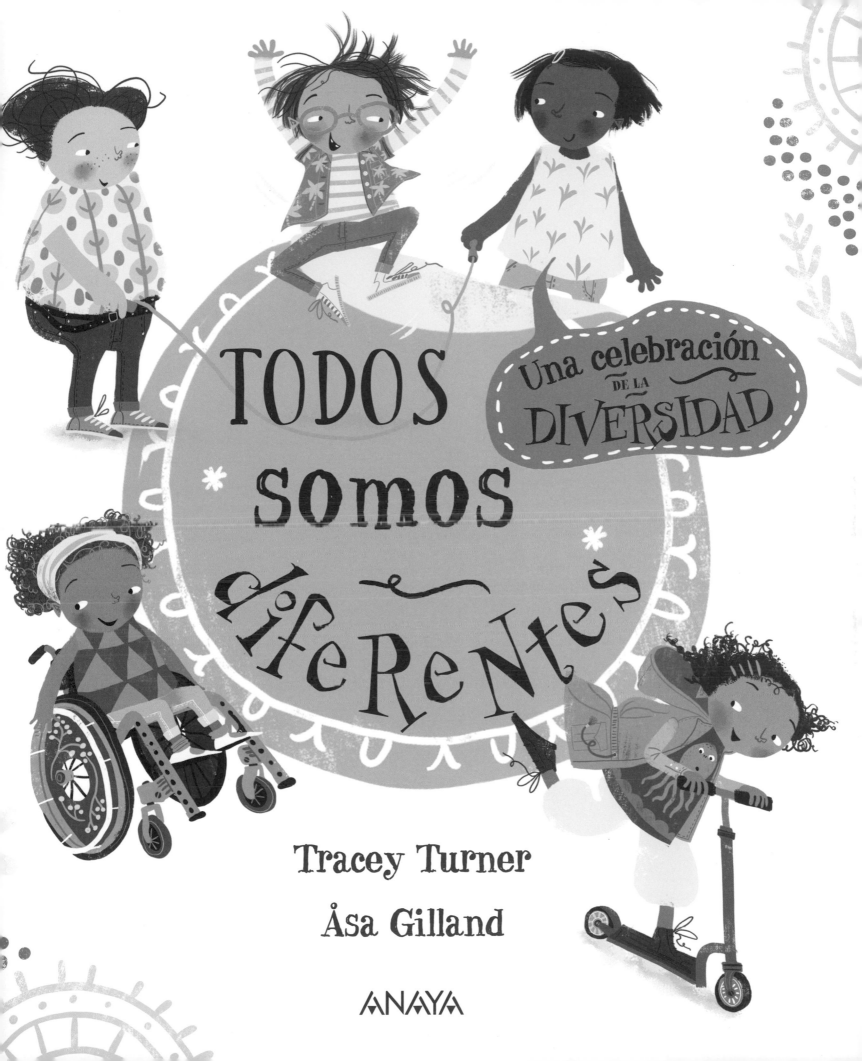

TODOS somos diferentes

Una celebración DE LA DIVERSIDAD

Tracey Turner

Åsa Gilland

ANAYA

Para Toby - T. T.
Para Nico y Linnea - Å. G.

Título original: *We Are All Different*

Publicado por primera vez en 2021
por Macmillan Children's Books, un sello de Pan Macmillan

Primera edición: marzo de 2022

© Del texto y las ilustraciones: Raspberry Books Ltd, 2021
© De la traducción: Jaime Valero Martínez, 2022
© Grupo Anaya, S. A., Madrid, 2022
Juan Ignacio Luca de Tena, 15. 28027 Madrid
www.anayainfantilyjuvenil.com
e-mail: anayainfantilyjuvenil@anaya.es

Dirección de arte y diseño: Sidonie Beresford-Browne
Diseño adicional: Sophie Wilcox & Peter Clayman

PAPEL DE FIBRA
CERTIFICADO

ISBN: 978-84-698-9083-7
Depósito legal: M-22329-2021
Printed in China

ÍNDICE

¡ENCANTADOS DE CONOCERTE

¡Bienvenido a nuestra escuela! Hoy va a ser un día muy ajetreado. Los niños llegan al cole con sus padres y cuidadores, y los profesores se han reunido en el patio para recibirlos. Puede que este colegio sea como el tuyo, o quizá sea un poquito distinto.

5

SOMOS ÚNICOS

No hay ninguna persona idéntica a ti en el mundo.
Todos somos únicos no solo por nuestro aspecto, sino
también por nuestros gustos y por nuestra forma de ver
y experimentar el mundo. Ni siquiera los gemelos
idénticos tienen la misma personalidad.

Hay quien prefiere estar
todo el tiempo acompañado.

Si pudiera,
estaría **TODO**
el rato con mis
amigos.

Me siento
incómodo
cuando hay
mucha gente.

Me encanta
jugar con mis
amigos, pero
también estar
solo.

¡Miradme!

Los hay tímidos...

Me pongo nervioso
cuando me presentan
a alguien. A veces
me siento cohibido
en una fiesta aunque
conozca a todos.

... y a otros les
encanta ser el
centro de atención.

DIFERENCIAS Y SEMEJANZAS

En nuestro colegio tenemos **MONTONES** de cosas en común.

Nos gusta pintar y dibujar.

¡NOS CHIFLA el deporte!

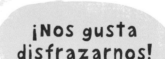

Hemos inventado un juego que se llama «El acecho».

¡Debes acercarte al que la liga sin que te vea!

¡NOS gusta disfrazarnos!

A los dos nos gusta la música y bailar, y tenemos el mismo grupo favorito.

Se pueden tener muchas cosas en común, pero en otras ser diferentes.

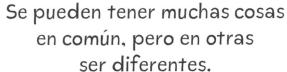

Nuestros padres son de países distintos y tienen creencias religiosas diferentes, pero somos amigos, y nuestras familias también.

¡Vamos juntos de acampada! Me encantan las *samosas* de su papá. Y a él, los *blinis* de mi mamá.

A mí me gusta el fútbol y a él no, pero somos muy amigos.

A los dos nos gusta leer, nadar y jugar a los videojuegos.

TODOS tenemos una cosa más en común. Experimentamos los mismos sentimientos: tristeza, alegría, miedo, emoción, preocupación, enfado, serenidad, malhumor, confianza... ¡Y hay MUCHOS otros!

CHICAS Y CHICOS

A menudo dividimos a las personas en hombres y mujeres, en niños y niñas, pero hay quien no encaja en ninguno de esos grupos.

ANDY   JASPER   NATTY   SASHA   GRACE

Las diferencias externas del cuerpo, así como las internas, conforman una escala compleja donde lo «masculino» y lo «femenino» están en los extremos. Pero hay personas «intersexuales» o que se sitúan en un punto intermedio.

La «identidad de género» significa que puedes identificarte como un chico o una chica, como ninguno, o como una mezcla. Las personas que no se definen como chicos ni chicas son «no binarias».

Steph, una persona cercana a mi madre de acogida, es no binaria. Utiliza el pronombre «elle» en lugar de «él» o «ella». Steph dice...

¿QUÉ DICE STEPH SOBRE LOS PRONOMBRES?

✱ Puedes expresar tu identidad por las palabras que uses para describirte; por ejemplo, por los pronombres. El mío es «elle», pero algunas personas no binarias utilizan «él», «ella» o algún otro.

✱ cuando conoces a alguien, es de buena educación preguntarle qué pronombres utiliza y decirle los tuyos. A simple vista no se puede determinar el género de una persona.

✱ Si no conoces los pronombres de alguien, es mejor utilizar «elle» hasta que te los diga o hasta que se lo preguntes.

✱ Si empleas los pronombres inadecuados con alguien, podrías herir sus sentimientos. ¡Tus pronombres son cosa TUYA!

No hace tanto tiempo, existían normas
estrictas acerca de lo que podías hacer
según fueras hombre o mujer.
En algunos países, aún existen.

No existen juguetes de niños ni de niñas, y lo mismo se aplica a los juegos,
los libros, las aficiones y otras actividades. Todos los niños (y adultos)
pueden leer, jugar y hacer las mismas cosas.

Hay quien cree que se debe actuar de un modo concreto en función del género.
Dicen cosas como «los hombres son fuertes» y «las mujeres son sensibles».
Pero puedes actuar como tú quieras, independientemente de tu sexo o género.

FAMILIAS

Hay familias de todas las formas y tamaños,
al igual que las personas.

Yo tengo dos mamás, un hermano y una hermana.

En mi hogar de acogida vivo con otros niños y unos tutores.

Tengo un padre, una madre y una hermana.

Esta es mi familia adoptiva. Llevo dos años viviendo con ellos.

COSAS DE HERMANOS

Algunas familias son grandes y otras pequeñas.
No todo el mundo tiene hermanos,
¡y no todos los hermanos se llevan bien!

ADOPCIONES Y ACOGIDAS

 No todos los niños nacen en el seno de una familia. Algunos se integran en una familia más adelante.

Los padres de los niños adoptados no pudieron ocuparse de ellos. Eso puede deberse a muchos motivos. Los padres adoptivos decidieron darles a ese niño o niños un hogar lleno de cariño, y así se convirtieron en su familia.

Yo era muy pequeño cuando conocí a mis padres.

¡Rosquilla y Botones también son parte de la familia!

Los niños de acogida viven con una familia que ha sido seleccionada para que convivan con ellos mientras su familia biológica u otros tutores no puedan cuidarlos. Los padres de acogida cumplen las mismas funciones que los padres biológicos.

¡Este es el gato Elmo!

Nuestros padres de acogida son Mo y Kate. Su hijo Félix es nuestro hermano de acogida.

Los niños de acogida suelen estar en contacto con su familia biológica. A veces, los hijos adoptivos también. Pero, por diversos motivos, es posible que no se pueda contactar con las familias biológicas.

ESPECTRO AUTISTA

Algunas personas son autistas. No se les nota a simple vista.

Soy autista. Estoy dentro del espectro autista.

¡Y yo! Experimentamos el mundo de un modo distinto a la mayoría.

No todos los autistas son iguales, como sucede con el resto de la gente. El autismo cubre un amplio abanico, o «espectro», de personas. Pero sí tienen ciertas cosas en común:

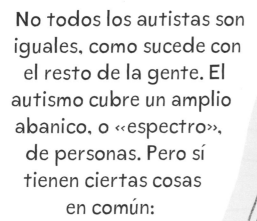

ALGUNOS DATOS SOBRE LOS AUTISTAS (POR EV
EN ALGUNOS CASOS...

★ Tenemos facilidad para desarrollar ideas nuevas.

★ Prestamos mucha atención a los detalles.

★ No nos gustan los grandes grupos o los lugares bulliciosos.

★ Nos preocupamos más que mucha gente.

★ Si nos disgustamos, a veces hacemos aspavientos o gritamos (tenemos una «crisis»), y otras veces no reaccionamos («apagón» o «colapso»).

★ Nos cuesta entender el lenguaje que no tenga un significado claro, como algunos chistes.

★ No nos gusta que nos toquen –¡pregunta antes!– y nos molestan ruidos, olores o texturas que a la mayoría no.

★ No nos gusta mirar a los demás a los ojos.

★ Solemos ver las cosas como buenas o malas, sin término medio.

★ Nos cuestan mucho los cambios, aunque sean pequeños, como que la asamblea se celebre a otra hora.

★ En vez de hablar, usamos signos o pizarras magnéticas.

ALGUNAS IDEAS EQUIVOCADAS QUE TIENE LA GENTE
~ POR MOISÉS ~

★ **Se nos dan genial las mates y la informática.**
Se nos pueden dar bien (o mal) muchas cosas.

★ **No nos importa la gente y no sentimos emociones.**
Sentimos las mismas emociones que cualquiera, y con mucha intensidad. Lo que ocurre es que a lo mejor no las expresamos como la mayoría de la gente.

★ **No queremos tener amigos.**
Muchos autistas queremos tenerlos. Otros son felices a su aire.

¡PREGUNTA!

A veces no es fácil ser autista.

¡Pero también puede ser estupendo! Forma parte de mi ser.

Muchas personas divertidas, cariñosas, fascinantes y maravillosas son autistas. Puede resultar duro que las cosas no estén diseñadas pensando en ti y que la mayoría las experimente de otra manera. Por eso las personas autistas necesitan apoyo y comprensión. Informarse sobre el espectro autista ayuda mucho.

FORMAS DE APRENDER

Hay cosas que nos resultan más fáciles de aprender que otras, ya sea leer, atarse los zapatos o decir la hora. Todos necesitamos ayuda adicional de vez en cuando.

¡Tardé mucho en aprender a programar!

Se me dan bien las mates, pero no me gusta el arte.

Mi asignatura favorita es Educación Física, pero la ortografía me cuesta.

Cada cual aprende a su manera.

Me resulta más fácil recordar algo si lo leo en un libro o una pantalla.

Aprendo mejor cuando alguien me lo explica.

Pide a tu profesor que te ayude a determinar qué clase de estudiante eres. Puede que seas una mezcla de varios tipos.

A mí me cuesta aprender leyendo o escuchando. Aprendo mejor con la práctica.

A mí me gusta trabajar en equipo.

Yo prefiero hacerlo sola.

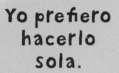

No todos los niños se adaptan igual al colegio.

Yo no voy al colegio. Mis padres me dan clase en casa.

Me encanta el cole, pero a mi hermana no.

Da igual la forma de aprender, lo importante es que todos tenemos algo que enseñar.

APRENDIZAJES DIVERSOS

Hay personas a las que les cuesta aprender ciertas cosas. Al igual que los autistas, sus cerebros funcionan de un modo ligeramente distinto al de la mayoría, así que también aprenden de una forma un poco diferente.

Soy disléxica, así que algunas modalidades de aprendizaje me resultan complicadas.

A algunas personas disléxicas les cuesta leer, escribir y la ortografía, ¡pero a otras se les da genial! Muchos disléxicos son personas muy creativas.

Leo bien, pero me cuesta hacer las cosas en orden o recordar una lista que me acaban de enumerar. Se me da bien contar historias y de mayor quiero ser escritora.

Necesito ayuda para aprender los números porque tengo discalculia. ¡Me hago un lío con el dinero y los relojes!

La discalculia implica tener dificultades para comprender los números. A muchos niños les resultan complicadas las matemáticas, pero no todos tienen discalculia.

Tengo TDAH o trastorno por déficit de atención con hiperactividad. ¡Fiuu! Me cuesta concentrarme y necesito ayuda para atender en clase. A veces atiendo mejor si puedo moverme.

Estas diferencias en el aprendizaje no impiden que los niños vayan bien en el colegio, siempre que se les enseñe de un modo adecuado para ellos.

Es bueno que existan diferencias en el funcionamiento del cerebro de las personas: significa que hay una mezcla de ideas y puntos de vista. De lo contrario, ¡el mundo sería un lugar mucho más aburrido!

DIFICULTADES EN EL APRENDIZAJE

Si tienes una dificultad en el aprendizaje, significa que necesitas ayuda para estudiar o también para otras cosas, como vestirte.

¡HOLA!

ADIÓS

GRACIAS

POR FAVOR

LIBRO

CASA

Las personas con síndrome de Down tienen **dificultades** en el aprendizaje, pero estas son distintas en cada uno. También hay otros casos en los que se necesita ayuda para aprender.

Tengo síndrome de Down. Usé el vocabulario Makaton para aprender a hablar. ¡Ahora no callo ni bajo el agua! Recibo ayuda en clase para aprender las lecciones.

A veces la gente se impacienta cuando necesito tiempo, y me siento mal. ¡Pero mis amigos son considerados!

Las dificultades en el aprendizaje pueden implicar que alguien tarde más en aprender cosas nuevas, que necesite más ayuda para hacer lo que le gusta o que use recursos especiales.

Todo el mundo puede aprender
con el apoyo adecuado.

Si tienes una dificultad en el aprendizaje, sabrás que
lo mejor que pueden hacer los demás es ser amables,
explicarte las cosas con claridad y no meterte prisa.

MOVILIDAD REDUCIDA

Muchas personas tienen movilidad reducida, que puede afectar a su día a día. Pero si los edificios se diseñan pensando en las necesidades de todos —por ejemplo, con rampas y accesos amplios—, estas personas podrán moverse sin limitaciones.

Es fácil moverse por el cole porque tiene rampas y un ascensor.

LA VISTA Y EL OÍDO

Si no puedes ver u oír bien, es algo que puede afectar a tu día a día.

Algunas personas tienen pérdida de audición y de visión, y utilizan un bastón con rayas rojas y blancas.

Muchas personas «ciegas» tenemos visión reducida y podemos ver un pelín. No todas utilizamos perros lazarillo, aunque esta es la mía: se llama Molly. Mi abuela tiene visión reducida y lleva un bastón.

PASATIEMPOS EN LETRA GRANDE

CRUCIGRAMAS ACERTIJOS PUZLES

PASATIEMPOS EN LETRA GRANDE

BOKDATJUB
RGATOSYAJM
PEFORAIBXO
QRAZBNDJAJ

La escritura táctil, llamada braille, y los libros con letra grande son útiles para la gente con visión reducida.

No todos los perros de apoyo son perros lazarillo: hay perros señal, que ayudan a gente con problemas auditivos, y muchos otros.

Las personas sordas pueden elegir qué lenguaje emplear. A algunas les ponen implantes en los oídos de pequeñas para que al crecer puedan oír y hablar, mientras que otras llevan audífonos.

También podemos usar el lenguaje de signos.

¡No hace falta oír ni hablar para comunicarse!

Otras personas Sordas usan solo el lenguaje de signos.

Los subtítulos y las aplicaciones que ponen por escrito lo que se dice en voz alta también son útiles para la gente con pérdida de audición.

29

LOS GRUPOS ÉTNICOS

El color de nuestra piel es una de las señales externas del grupo étnico al que pertenecemos.

A veces, los grupos étnicos del mundo se agrupan en grandes categorías que incluyen blancos, negros o asiáticos (pero hay MUCHOS más). Cada grupo tiene su historia.

> Tengo una mezcla de herencia inglesa y bangladesí. Mi familia tiene dos historias.

> Mis abuelos vinieron desde Jamaica hace más de 50 años. ¡Me encanta ser una jamaicana de tercera generación!

> En mi familia somos gitanos romanís. A veces la gente dice cosas desagradables sobre nosotros.

Es bueno encontrar gente parecida a ti en libros, en películas y en la tele. Pero a menudo la mezcla de diferentes razas y etnias del mundo no se plasma en la pantalla o sobre el papel. O no lo suficiente.

El grupo étnico de alguien jamás debería determinar el modo en que es tratado. Pero hay gente que sufre racismo o ideas falsas y prejuicios injustos sobre su grupo étnico. Esto produce MUCHO malestar.

El racismo no siempre es una ofensa evidente y la gente actúa de un modo racista sin darse cuenta. Pero siempre es horrible sentirse juzgado por tu etnia, tu color de piel, tu idioma, tu acento u otro factor.

¡Todo eso está muy **MAL!**

¡TRATA A TODOS POR IGUAL!

El racismo tiene siglos de antigüedad. Algunas personas blancas se creían mejores que los demás, se adueñaron de otras partes del mundo y obligaron a la gente a trabajar para ellos, o incluso los convirtieron en esclavos.

Si alguien muestra una actitud racista contigo o con otra persona, procura decirle que eso está mal y cuéntaselo a un adulto de confianza.

EN OTRO PAÍS

Hay casi 200 países –o naciones– en el mundo. La gente se traslada de uno a otro por diversos motivos. A veces los niños van al colegio y aprenden sus lecciones en un idioma completamente nuevo.

Mi padre vino aquí desde Sri Lanka para trabajar como médico. Yo tenía seis años y casi no sabía inglés. ¡Ahora sí!

Las familias se mudan a otra parte del mundo para reunirse con parientes, buscar un empleo o una vida mejor, porque su país no es seguro, ¡o para vivir una aventura!

Añoro a mis abuelos y primos en Polonia, pero les visitamos cada verano. Aquí la mayoría de la gente es amable y paciente si no sé alguna palabra.

POLONIA

Yo tengo dos nacionalidades: coreana e inglesa. Nací aquí, pero hablo los dos idiomas.

Mi mamá es mexicana y mi papá, francés. ¡En casa hablamos tres idiomas! Uso sobre todo el inglés.

Quizá te sientas solo al mudarte a otro país. Todo resulta nuevo: paisajes, olores, sonidos y sabores. Puede que llames la atención por estar aprendiendo un idioma que los demás ya hablan. Pero ayuda que la gente sea amigable, hospitalaria y comprensiva.

CULTURAS DIVERSAS

Existe una enorme diversidad de creencias,
tradiciones, normas de conducta, alimentos
y formas de vestir que dan lugar a las diferentes
culturas. En nuestro colegio hay una gran variedad
cultural, por lo que se puede aprender mucho
y siempre hay algo que celebrar. Estas son algunas
cosas que les gustan a los niños de sus culturas.

Mi madre y mis abuelos son de
Gales. Cuentan historias
y cantan canciones de allí.
¡Y toda la familia es hincha
del equipo de rugby de Gales!

Mi familia es musulmana. Tengo
un montón de tíos y primos,
y todos nos echamos una mano.
Me encanta la comida de mi
dhadi (abuela), sobre todo sus
mithai (dulces) para el Eid.

TRÁTAME BIEN

Hay quien dice que las palabras no hacen daño. ¡Pero no siempre es así! Las palabras son poderosas: las malintencionadas pueden lastimar y dejar cicatrices invisibles. En cambio, las amables pueden hacerte feliz.

Todo el mundo quiere sentirse bien. Se puede estar contento por cantar en el coro o por ser un as del ajedrez. Pero a veces la gente intenta sentirse mejor haciendo que otro se sienta mal, para así creer que son mejores. A menudo la toman con personas que tienen un aspecto o una forma de actuar diferentes a las suyas.

La gente puede decir cosas horribles sin querer. Es posible que estén repitiendo algo que han oído por ahí, aunque el efecto es el mismo.

Aún estoy disgustado.

No sirve de nada que te digan: «Solo era una broma».

Solo es una broma si a todo el mundo le hace gracia.

Los comentarios desconsiderados pueden hacer que la gente se sienta mal. Y que empiecen a pensar que el mundo no es un lugar seguro y divertido. Si alguien se porta mal contigo o con otra persona, díselo a un adulto de confianza. Y siempre siempre...

TRATA A TODOS BIEN

DE MAYOR QUIERO SER...

Todo el mundo tiene sueños y esperanzas para el futuro.

Es divertido pensar en lo que quieres ser de mayor, pero no pasa nada si aún no lo sabes. Hay tiempo de sobra. ¡Seguramente cambiarás de idea un montón de veces!

PERTENENCIA

El sentimiento de pertenencia es importante. Todo el mundo quiere sentirse valorado, escuchado y formar parte de uno o varios grupos.

Soy parte de mi familia, mi colegio y mi equipo de balonmano.

La pertenencia implica colaboración. En el cole, los profes reparten tareas. En casa, también se puede ayudar.

Mis hermanos y yo damos de comer a los conejos y recogemos la mesa.

También ayudamos a colocar la compra y regamos las plantas.

Seas como seas,
tanto si...

naciste en otro país

tocas el piano

sabes hacer volteretas

tienes movilidad reducida

te cuesta hacer amigos

tienes ascendencia china, nigeriana o estadounidense

tienes una risa muy sonora

escribes cuentos

te preocupas mucho

aleteas las manos si estás contento

... eres una persona única y maravillosa. **No tienes que cambiar tu forma de ser para encajar.** Si lo haces, te sentirás triste e incómodo. **Lo** que te hará feliz será sentirte **querido** y aceptado **tal y como eres.**

TODOS SOMOS HUMANOS

Hay **MILES** de **MILLONES** de formas maravillosas de ser humanos: tantas como personas hay en el mundo. La diversidad entre las personas es algo que debemos celebrar. ¡Es parte de lo que nos hace humanos!

Las diferencias enriquecen nuestras vidas. Nos muestran nuevas ideas, nos abren los ojos a otras formas de vida y nos ayudan a entender a los demás.

ES bueno que PENSEMOS diferente...

... y tengamos diversas culturas...

... y religiones...

... y habilidades y dificultades...

GLOSARIO

acogida: es una forma de proporcionar un hogar seguro y cariñoso a los niños que no pueden vivir con sus padres biológicos, al alojarlos con unos padres de acogida que cuidan de ellos durante un periodo de tiempo.

adopción: es una forma de proporcionar un hogar seguro y cariñoso a los niños que no pueden vivir con sus padres biológicos. Los padres adoptivos son responsables del niño o los niños que adoptan.

Año Nuevo lunar: es el comienzo del año con unos meses que se contabilizan en relación con los ciclos de la luna. Se celebra en Asia oriental y a veces se conoce como «Año Nuevo chino».

autismo: las personas autistas experimentan el mundo de un modo distinto a la mayoría de la gente. Abarca un espectro muy amplio y es diferente para cada persona autista.

braille: es un alfabeto que se lee por medio del tacto, útil para la gente con pérdida de visión.

discalculia: dificultad en el aprendizaje que afecta a la comprensión de los números y las matemáticas.

dislexia: dificultad en el aprendizaje que afecta a la manera de aprender a leer y escribir.

elle: la gente puede decidir utilizar el pronombre «elle» en lugar de «él» o «ella».

identidad de género: es el concepto que se tiene de uno mismo con respecto al género; puedes ser chico, chica, ambos o ninguno.

intersexual: las personas intersexuales nacen con características físicas que no encajan con el concepto tradicional de lo masculino y lo femenino.

lenguaje de signos: un lenguaje visual que emplea signos realizados con el cuerpo, las manos y las expresiones faciales.

makaton: es un programa lingüístico que emplea signos, símbolos y palabras para ayudar a la gente a comunicarse.

no binario: las personas no binarias no se identifican con los géneros tradicionales «masculino» y «femenino»; así, pueden identificarse con parte de ambos géneros o con ninguno.

perro de apoyo: perro adiestrado para ayudar a personas con pérdida de visión, audición, u otras circunstancias.

pronombre: es una palabra que ocupa el lugar de un sustantivo. Por ejemplo:«él», «ella», «ellos», etc.

racismo: ideas falsas y prejuicios injustos sobre diferentes grupos étnicos.

síndrome de Down: las personas con este síndrome tienen cierto grado de dificultad en el aprendizaje, y puede que algunas experimenten retrasos en su desarrollo físico. Cada persona con síndrome de Down es única.

síndrome de fatiga crónica (SFC): es una dolencia que provoca que una persona se sienta agotada a todas horas, aunque haya descansado. También puede producir otros síntomas.

sordera: a las personas con problemas auditivos se las suele describir como «sordas». Las personas Sordas (con «S» mayúscula) se comunican en lenguaje de signos como principal opción y poseen un fuerte sentido de comunidad.

TDAH: siglas de «trastorno por déficit de atención con hiperactividad», un trastorno que afecta al comportamiento. A las personas con TDAH les cuesta permanecer sentadas y concentrarse. Es posible que el movimiento las ayude a centrarse, aunque el trastorno afecta a cada persona de un modo distinto.

Yamin Noraim: festividad judía durante la que se celebran Rosh Hashaná y Yom Kipur.

ÍNDICE TEMÁTICO

AGRADECIMIENTOS

Gracias a Beth Cox, asesora de inclusión e igualdad,
cuyas aportaciones fueron muy valiosas.

Gracias también a Inclusive Minds por presentarnos a su red de
embajadores de la inclusión. No podríamos haber realizado este
libro sin la ayuda de los siguientes embajadores de la inclusión,
que tuvieron la amabilidad de compartir con nosotras
sus conocimientos y experiencias:

Hannah Ahmed

Jessica Chaikof

Rachel Faturoti

Rebecca Heyes

Ciara McDonagh

Syeda Ferdushi Mohshin

Hayley Newman, Mia and Natty de Downs Side Up

Jo Ross-Barrett

Emma Zipfel

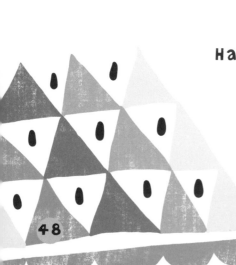